LA VÉRITÉ

SUR

M. DÉPILLIER,

PRÊTRE DE L'ÉGLISE PRIMITIVE.

BESANÇON,

LIBRAIRIE LANQUETIN-TURBERGUE,

RUE SAINT-VINCENT, 33.

1875.

LA VÉRITÉ

SUR

M. DÉPILLIER,

PRÊTRE DE L'ÉGLISE PRIMITIVE.

BESANÇON,

LIBRAIRIE LANQUETIN-TURBERGUE,

RUE SAINT-VINCENT, 33.

1875.

LA VÉRITÉ

SUR M. DÉPILLIER,

PRÊTRE DE L'ÉGLISE PRIMITIVE.

Dans la lutte sans gloire qu'une poignée de fidèles douteux conduits par une bande de prêtres équivoques soutient contre l'Eglise, en se parant du titre menteur de vieux-catholiques, la Franche-Comté avait l'honneur de ne compter aucun de ses enfants. Le voisinage de la Suisse et les propositions séduisantes de ses gouvernants n'ont pas provoqué la moindre défection dans les rangs du clergé de nos trois départements. Pourquoi faut-il qu'un homme trop connu dans nos contrées, après avoir donné le scandale d'une apostasie lamentable, vienne y joindre celui d'un apostolat qui ne l'est pas moins?

Les journaux de France et de Suisse ont signalé la présence et les courses de l'ex-bénédictin Dépillier en Alsace depuis deux ou trois mois. Directeur d'un journal dans lequel il accuse l'Eglise romaine de lui avoir enseigné le mensonge et le vol, il lance des prospectus et fait un appel aux vrais chrétiens pour obtenir des souscriptions destinées à briser le joug de Rome, à délivrer les prêtres de l'oppression épiscopale et rétablir l'Eglise primitive. Offrant une prime à la révolte et à la calomnie, il croit pouvoir couvrir de boue ce qu'il y a de plus respectable et de plus sacré, et se pose lui-même en réformateur et en martyr. Après les articles de journaux et les prospectus publiés par le « prêtre de Jésus et de la primitive Eglise, » je reçois des lettres indignées qui me demandent à moi, homme du pays, quel est donc ce saint de nouvelle espèce ? Son passé est-il à la hauteur de sa prose ? Sa vertu justifie-t-elle sa prétendue mission ? Faut-il le ranger parmi les insensés, les dupes ou les méchants ?

Les faits étant du domaine public, il suffit de les exposer pour éclairer ceux qui les ignorent, et l'attaque étant aussi éhontée que persistante, je crois rendre justice à M. Dépillier, faire plaisir aux Franc-Comtois et être utile aux Alsaciens en publiant les actes de ce qu'il appelle ses persécutions et son martyre. Il suffira de les connaître pour que sa propagande ne soit pas plus dangereuse chez nos voisins qu'elle ne l'a été chez nous.

M. Dépillier, « prêtre de Jésus et de l'Eglise primitive, » est né à Montmirey-la-Ville (Jura) le 3 juin 1821. Fils de Jacques Dépillier et d'Antoinette Lamblin, honnêtes cultivateurs, qui l'élevèrent chrétiennement et, lui trouvant des dispositions, l'envoyèrent au petit séminaire le plus rapproché de leur village, les actes de l'état civil et le registre de sa paroisse nous apprennent qu'il reçut les prénoms de Jean-Pierre. Plus tard il les trouva trop prosaïques et les changea contre le nom plus distingué et plus sonore de Raphaël.

Ses anciens condisciples racontent qu'il avait des moyens plus qu'ordinaires, qu'il ne l'ignorait pas et se croyait appelé à de grandes choses. Ils lui ont toujours reconnu plus d'imagination que de jugement, plus d'orgueil que de bon sens.

A la fin de son cours de théologie, en 1844, il fut envoyé comme vicaire à Clairvaux, chef-lieu de canton voisin de Lons-le-Saunier. C'est alors qu'il se crut poëte, et au lieu d'étudier l'Ecriture sainte et les sermonnaires, comme le demandait son état, il publia, sous le nom quelque peu prétentieux de M. de Verneuil, un petit volume d'*Effusions poétiques*, dont le succès fut médiocre. Ceux qui connaissent l'ouvrage ont ratifié le jugement de M. de Montgaillard, vicaire général de Saint-Claude, et bon connaisseur, qui écrivit sur la première page de son exemplaire : « Infusions non poétiques. »

Froissé de son insuccès, le jeune vicaire prétendit qu'il avait une vocation prononcée pour l'ordre renaissant des bénédictins et ses hautes études ; il demanda instamment à partir pour Solesmes.

En marge de sa lettre de demande, son vieil évêque, Mgr de Chamon, traça d'une main ferme ces lignes prophétiques : « Le choix d'une congrégation s'occupant de hautes études » pourrait bien être, sans que le pauvre abbé s'en aperçût,

» suggéré par l'esprit de vanité. Mon avis est qu'on attende. »
Le poëte incompris ne voulut pas attendre, il partit malgré son évêque en juillet 1846, fit son noviciat et sa profession à Solesmes, et, au bout de trois ans, nous le retrouvons voyageant à travers la Franche-Comté sous l'habit de saint Benoît.

Habile et insinuant, il avait persuadé à dom Guéranger, abbé de Solesmes, qu'il serait facile de fonder une maison de son ordre dans l'est de la France, et s'était chargé de quêter à cette intention. Pendant plusieurs années, il alla frapper à la porte des presbytères, où il fut généralement bien accueilli, quoiqu'il imposât des souscriptions de 50 fr., que ses appréciations fussent peu charitables et son importunité voisine de l'indélicatesse.

A force de démarches et d'intrigues, il vint à bout d'acheter pour 60,000 fr. l'ancienne abbaye d'Acey, la seule abbaye cistercienne que la révolution ait laissée debout dans notre province. Le résultat eût été fort beau si la gloire de Dieu eût été le mobile de ses efforts, mais la gloire humaine était surtout le but qu'il avait en vue. Quelques jours avant l'installation des bénédictins à Acey (19 octobre 1853), il disait, en revenant de Genève, à un compagnon de voyage que nous connaissons parfaitement : « Par mes allées et venues pour
» d'autres maisons, je les ai tous attrapés. C'est Acey seul que
» je voulais ; j'ai fait quatre mille lieues pour l'avoir ; je le
» tiens ! Quelle gloire d'avoir un jour la crosse à la main, la
» mitre en tête et d'être le successeur de saint Bernard ! » Ces mots, inspirés par un orgueil satanique, feront comprendre la suite de ce récit. Notons, du reste, que les prétentions de l'ancien poëte croissaient avec sa fortune. Tant qu'il est vicaire, il signe Dépillier, qui est son vrai nom ; arrivé chez les bénédictins, il se nomme *Despilhers ;* une fois acquéreur d'Acey, il se transforme en *des Pilliers* et cherche querelle à ceux qui veulent garder la véritable orthographe de son nom, tant il lui semble qu'une particule cadrera bien avec la crosse et la mitre qu'il entrevoit à l'horizon.

Notre docteur ès quêtes se croyait appelé à la supériorité de la nouvelle maison. Cette supériorité, croyait-il, lui revenait par droit de conquête, puisqu'il l'avait méritée par ses sueurs, et par droit de naissance, puisqu'il était du pays. Cependant il ne fut point nommé prieur d'Acey ; la voix du supérieur de Solesmes et celle des religieux profès y appela un autre titulaire. L'orgueil du quêteur se révolta, et, comme l'ange du paradis perdu, il jura d'avoir la première place ou de tout entraîner dans sa ruine. A dater de ce jour, il quête encore, mais son idée fixe est d'être supérieur et de l'être à tout prix. Pendant deux ans, il persécute l'abbé de Solesmes pour obtenir cette place si enviée. Il lui rappelle avec une candeur dont il doit bien rire aujourd'hui qu'il a fait le tour du monde, supporté le soleil, la pluie, la grêle et « les observations injurieuses des gallicans, » plus pénibles pour lui que la grêle et les orages.

Rien n'y fait ; dom Guéranger tient bon. Plutôt que de satisfaire l'ambition de Dépillier, en destituant le prieur élu, il retire ses religieux, et, voyant que tout accommodement est impossible, il cède ses droits sur la maison d'Acey à l'évêque diocésain. Rome approuve cette cession, qui était parfaitement canonique. Mais que pouvaient les vieux canons de Rome contre un homme cuirassé d'ambition et abrité derrière le rempart de la loi civile ?

Déçu dans ses espérances et ne pouvant jouer le rôle de prieur ou d'abbé, M. Dépillier prend celui de propriétaire. « Vous voulez me chasser, dit-il, je suis chez moi, je ne sortirai pas, je représente ici des mandants qui veulent des bénédictins, j'en amènerai à Pâques ou à la Trinité; en attendant, je reste et je vous défie ! »

En effet, la loi civile ne reconnaissait que M. Dépillier pour propriétaire légal, parce que l'acquisition était faite en son nom, et il ne recula pas devant l'idée de regarder comme sienne une propriété achetée avec les aumônes des fidèles et dans un but tout autre que celui de sa glorification personnelle.

Condamné par Solesmes à une peine monastique assez douce, à cause de sa rébellion, il en appelle à Rome, comme tous les futurs hérétiques, et dans l'attente de la décision du saint-siége, il déclare ridicule le jugement qui l'a condamné.

Détaché de Solesmes, il essaie de fonder à lui seul un monastère dont il sera le supérieur, et demande l'aide des bénédictins allemands ou italiens. Les Allemands s'en vont, les Italiens ne viennent pas, et le futur abbé reste seul avec sa propriété et ses illusions. A ce moment, bon nombre de souscripteurs, se voyant joués, voulaient poursuivre le quêteur pour obtenir la restitution des sommes versées. L'évêque de Saint-Claude, Mgr Mabile, les en empêcha par crainte du scandale ; du reste, les précautions étaient si bien prises de la part du rusé propriétaire, qu'il eût été difficile d'aboutir. On lui laissa l'argent, mais sa considération fut perdue sans retour dans le pays.

En 1859, il quêtait encore, usant de lettres anciennes ou de recommandations périmées, luttant avec les évêques, leur écrivant des lettres injurieuses, menaçant constamment de traîner devant les tribunaux quiconque l'attaquerait et de faire du scandale et des révélations compromettantes. Cela ne l'empêchait pas d'écrire des circulaires destinées à égarer l'opinion, annonçant l'arrivée prochaine de bénédictins imaginaires, le tout dans le but de se procurer des fonds, but qui fut la préoccupation constante de sa vie. Si l'Eglise romaine lui apprenait le mensonge, il faut avouer qu'elle a parfaitement réussi, car sa réputation ne laisse rien à désirer de ce côté ; il est resté dans nos contrées comme le type du quêteur insolent et peu soucieux de la vérité ; il a été du reste désavoué par plusieurs évêques et par l'abbé de la Pierre-qui-Vire, dont il ne rougissait pas d'exploiter le nom.

Depuis quatre ans, il se vantait de ne relever que du saint-siége. Le saint-siége répondit à cette fanfaronnade par un rescrit du 23 janvier 1860, déclarant qu'il abuse de l'indulgence avec laquelle on l'a traité ; qu'il n'a point mission de fonder une maison religieuse, et qu'il doit être soumis à l'évêque de Saint-Claude, en attendant qu'il rentre dans son monastère ou soit sécularisé. Quand on lui notifie cette pièce, il répond par lettre chargée à Mgr Fillion, évêque de Saint-Claude, qu'il tient ce rescrit pour nul, subreptice, absurde, qu'il se moquerait d'un interdit, qu'il veut rester bénédictin envers et contre tous, qu'il fera du scandale, qu'il ne craint que Dieu, relève de sa seule conscience et que rien ne saura le rebuter. Pour un ardent ultramontain, il nous semble que cette réponse sentait plus que le gallicanisme.

Ne pouvant plus espérer être le successeur de saint Bernard avec « la crosse en main et la mitre en tête, » M. Dépillier songea à devenir un grand propriétaire et à régénérer la France par l'agriculture. Il prend la musette du berger et la houlette du pasteur. Non content de sa « magnifique propriété, » il achète la forêt de Vaudenay qui l'avoisine. Cette forêt de 217 hectares était tondue à la Titus depuis deux ans; mais qu'importe, puisque le propriétaire veut la défricher? Comme Perrette avec son pot au lait, il espère des bénéfices fabuleux, et tandis que les gens du pays haussent les épaules de sa sottise, il a le talent de faire partager ses espérances à l'une de ces sociétés comme il en surgit tous les jours à Paris pour exploiter le clergé et les crédules provinciaux. Pour couvrir cet achat, qui montait à 200,000 fr., le Crédit des paroisses émit un emprunt de 348,000 fr., sous prétexte que la propriété d'Acey valait un million. M. Dépillier croyait avoir fait un chef-d'œuvre : il se trompait. Pourquoi aussi ne considérait-il pas que le Crédit des paroisses avait son siége *rue du Four ?* En creusant sa fosse de propriétaire, il entraînait aussi le Crédit des paroisses dans sa ruine, et *le four* fut complet. A ce moment, il voulait créer une maison de retraite pour les prêtres âgés, un orphelinat agricole, une ferme modèle splendide, etc. Tout fier de cette acquisition, il en prévient l'évêque de Saint-Claude, lui annonçant « que s'il n'entre pas dans ses vues, il publiera un mémoire sur lequel les journaux feront un thème mille fois pire que celui de la très légitime affaire Mortara. » Ses illusions et son orgueil étaient trop visibles, et personne ne voulut lui aider à obtenir les 50,000 fr. qu'il espérait recevoir du gouvernement, alors tout dévoué aux bergeries et colonies agricoles.

Voyant son impuissance, il se tourne d'un autre côté et va frapper à la porte des trappistes d'Aiguebelle (Drôme), leur fait de belles promesses qu'il ne tient pas, et pour exploiter ses terres, contracte avec eux une association tellement onéreuse qu'après dix-huit mois de présence, les pauvres trappistes se retirent avec une perte sèche de 50,000 fr. Trop sages pour s'en vanter ou pour s'en plaindre, les enfants de saint Bernard ont gardé le silence, mais leur gêne et leurs lettres attestent que M. Dépillier, tout en quêtant pour eux, gardait tout et ne leur donnait rien. Les paysans des rives de l'Ognon les virent avec regret retourner à Aiguebelle, et dirent dans leur bon sens : Ceux-ci se sont fait ruiner, mais au moins ils emportent leur honneur.

Bien que menaçant constamment d'assigner en justice ceux qui ne le tenaient pas pour un saint, et écrivant *Pax* en tête des lettres où il déchirait ses supérieurs et son prochain, le propriétaire d'Acey, à bout de ressources, s'avisait de faire des livres pieux et écrivait la *Vie et imitation de l'enfant Jésus*, exercice bien consolant, mais qui fut plus d'une fois interrompu par le fatal souci de trouver de l'argent et même par la visite peu gracieuse des huissiers et tabellions du voisinage.

Quand Mgr Nogret arrive à Saint-Claude, le propriétaire d'Acey lui adresse une idylle en trois chants où il lui fait un riant tableau de l'avenir (27 juillet 1862). Les trappistes viennent de regagner leurs montagnes, la cage est vide, voilà le moment de fonder l'orphelinat agricole qui doit être une source intarissable de bénéfices ; il ne tient qu'à l'évêque de faire couler ce Pactole dans son diocèse : qu'il intervienne auprès du gouvernement, obtienne les subventions ordinaires, et c'en est fait !

L'évêque, qui connaît la position et entend déjà le rire sinistre des huissiers qui s'avancent, essaie de lui faire comprendre l'impossibilité de réaliser un plan qui repose sur des calculs fantastiques, et engage le fondateur à quitter une voie dans laquelle il s'est déjà trop avancé.

Six mois après, M. Dépillier, n'ayant pu trouver d'aide, entonne l'hymne de la lassitude et du repentir. Il écrit, le 7 janvier 1863, qu'il se rend aux invitations de son supérieur, qu'il est décidé à se retirer dans un monastère des Etats romains, où il vivra comme le dernier des novices, et il demande, pour faire le voyage, un *Celebret* que l'évêque s'empresse de lui accorder. — Quel cœur d'évêque n'aurait pas été touché d'une semblable démarche ?

Or, cette demande n'était qu'une feinte odieuse. Il ne voulait un certificat de son évêque que pour voyager dans le Midi et se procurer des fonds, et il le refusa parce qu'il contenait la défense de quêter. La preuve qu'il ne songeait nullement à se retirer dans le silence d'un monastère éloigné, c'est qu'à ce moment même il se faisait marchand de vin. Sous prétexte d'utiliser ses belles caves et de fournir aux prêtres du Nord du vrai vin de vigne pour le saint Sacrifice, il lançait des circulaires pour obtenir des souscriptions au vin blanc qu'il faisait acheter dans le voisinage. Trop connu sous le nom de Dépillier, il signe cette fois : « Fr. Raphael, prêtre, *supérieur de Notre-Dame d'Acey*, » et fait contre-signer son principal garçon de cave, qui se nommait Pierre-François : « Fr. Pierre, *secrétaire*, » de sorte qu'on devait croire à l'existence d'une communauté religieuse florissante dont Fr. Raphaël était supérieur et frère Pierre secrétaire. Les circulaires étaient déjà imprimées et prêtes à partir dans quatorze départements, quand l'honnête garçon de cave, comprenant la supercherie, les jeta dans le puits, au nombre de 4,000. On en fit d'autres où le pieux Raphaël figura seul (15 mars 1863), demandant des souscriptions de 100 fr., promettant aux souscripteurs de leur payer l'intérêt et de leur fournir, pendant toute leur vie, le vin de Jallerange et de Vassange au taux ordinaire. Un certain nombre de Picards, de Bretons et, chose étonnante, de Normands, se fièrent à ces belles promesses, et après douze ans il arrive de temps à autre aux habitants d'Acey des lettres réclamant l'accomplissement du contrat, comme il en arrivait alors dont les auteurs se plaignaient d'avoir reçu des vins avariés, tout en les payant deux fois.

Ayant ainsi changé sa mitre et sa crosse contre un entonnoir, l'*Imitation de l'Enfant Jésus* contre une licence de marchand de vin, M. Dépillier mène la vie qui convient à un industriel de ce genre. Il prend des ouvriers, fait faire des tonneaux, déguste les vins dans les caves, vit avec les laïques les plus mal famés, les recevant à sa table et chantant des chansonnettes légères entre la poire et le fromage. Les habitants des villages voisins ne cachaient pas leur indignation et leur mépris pour une pareille conduite. Ils s'étonnaient de voir que les chapelles d'Acey ne fussent pas interdites. Ce fut pour déférer à l'opinion générale et à la clameur populaire que l'évêque de Saint-Claude prit une première mesure coercitive en interdisant l'église.

Le supérieur propriétaire patenté, Fr. Raphaël, répondit au doyen de Gendrey, porteur de l'ordonnance épiscopale, qu'il n'en tiendrait aucun compte. Le lendemain, il écrivait à Mgr de Saint-Claude pour lui dire que lui, simple évêque, n'avait pas le droit d'interdire une chapelle, centre d'une œuvre approuvée par le saint-siége, et qu'en vertu de son dévouement à Rome et aux saints canons, il continuerait à demander dans son *Memento* les lumières de l'Esprit-Saint pour un prélat endoctriné et aveuglé par son entourage. La révolte devenait tellement scandaleuse, que le procureur général près la cour de Besançon, autrefois sympathique à M. Dépillier, demanda officiellement (30 juin 1863) que ce moine sans vergogne fût interdit en personne sur-le-champ.

Mgr de Saint-Claude patienta toujours; il attendit jusqu'au 26 décembre 1863 pour demander au coupable une rétractation de sa conduite, de ses injures et de ses menaces.

Le propriétaire marchand déclara qu'il n'avait rien à rétracter, qu'il se moquait des censures et continuerait à dire la messe. Le jour même, il cite l'évêque de Saint-Claude devant le métropolitain de Lyon, se posant en victime poursuivie depuis huit ans par la haine d'une faction cléricale. Il pousse l'audace jusqu'à écrire à Mgr Nogret qu'il lui donne huit jours pour reconnaître ses torts envers *le pauvre Naboth* d'Acey, à qui on veut enlever sa propriété. — Toujours le bout de l'oreille !

L'interdit réclamé depuis si longtemps par les populations pouvait être la seule réponse à cette nouvelle insolence. Il lui fut signifié le 14 janvier 1864, et, bravant toute censure et toute autorité, le successeur de saint Bernard continua à célébrer la messe. A ce moment même, il écrit à l'abbé d'Aiguebelle une lettre incroyable, où on lit que si le saint-siège ne lui rend pas justice, les gouvernements de l'Europe, éclairés par l'opinion publique qu'il aura soin de saisir, auront certaines mesures à prendre contre les ordres religieux et les administrations diocésaines; qu'il prépare un ouvrage auprès duquel le *Maudit* sera bien lourd et bien pâle, et pourtant le *Maudit* a eu six éditions en deux mois et demi ! « L'Europe civilisée me lira, s'écrie-t-il, et elle jugera. »

Voyant que son appel à Lyon n'est pas entendu, il écrit directement au pape, lui déclarant tout d'abord que si Sa Sainteté n'est pas de l'avis du révérend Raphaël, « son âme désolée sera forcée de conclure que la vérité et la justice sont bannies de l'Eglise catholique. » Dans ce mémoire, il se représente encore sous les traits de Naboth poursuivi par Achab et Jézabel, qui veulent lui arracher sa propriété.

Toujours la propriété ! Le pape a le malheur de n'être pas de l'avis du postulant. Il lui fait répondre qu'en attendant les débats de son appel, il faut observer l'interdit porté par l'évêque diocésain. Cette réponse si modérée met frère Raphaël en fureur, et il menace le vicaire général qui la lui notifie de le traîner devant les tribunaux pour l'avoir diffamé.

En attendant une autre solution, il se livre à une industrie nouvelle. De marchand de vin, il devient logeur, et abrite dans les vastes bâtiments de son abbaye les ouvriers qui confectionnent le chemin de fer de Gray à Labarre. La célèbre fondation n'est plus qu'une vaste cantine où sont rassemblés des gens de tout âge et de tout sexe, où retentissent d'affreux jurons et se donnent des bals champêtres, sans doute en l'honneur de la sainte Vierge, patronne du monastère. Fr. Raphaël, interdit, irrégulier, dit toujours la messe dans ses chapelles et lance un prospectus de haute piété pour faire valoir la dévotion à l'enfant Jésus. Il y avait un an que Rome lui avait enjoint d'obéir à son évêque, quand enfin, voyant l'inutilité des avis et des remontrances, et par ordre exprès du pape, la congrégation des évêques et réguliers le déclara expulsé de l'ordre de saint Benoît, et lui ordonna d'en déposer l'habit qu'il portait encore. Quand on lui signifia ce dernier décret, il ne voulut pas le lire et le mit dans sa poche, déclarant qu'il le regardait comme nul et sans valeur. Voilà ce que l'amour de la propriété avait fait de ce quêteur si sensible aux duretés des gallicans.

Tous ces décrets n'avaient pas de sanction civile, la seule que craignît l'intrépide supérieur. Bien qu'il n'ait vu que persécution partout, les gendarmes le laissaient tranquille et le scandale durerait peut-être encore, si une puissance bien plus redoutable pour les propriétaires que les foudres du Vatican n'y eût mis fin.

L'exécuteur des vengeances divines ne fut ni le général des jésuites, ni le grand inquisiteur de la foi, ni le bourreau du saint-office, dont frère Raphaël fait semblant d'avoir une peur affreuse ; ce fut simplement M. Bourcet, huissier près le tribunal de Dole, à la résidence de Gendrey.

Le temps, dans sa course implacable, ramenait des réclamations que ni M. Dépillier ni le Crédit des paroisses ne pouvaient payer. Le moment était venu où, selon les prévisions générales, le supérieur d'Acey allait s'accrocher aux branches de sa forêt. Les créanciers, las d'attendre leur paiement, firent saisir le propriétaire, et la veille même du jour où Rome l'expulsait de l'ordre de saint Benoît, l'appariteur était venu mettre haro sur ces biens dont la possession tenait si fort au cœur de notre héros, qu'elle lui faisait perdre son bonheur et son âme. L'*Album dolois* annonçait dans son numéro du 12 mars 1865 que le dimanche suivant 19, on vendrait le mobilier, la cave, la bibliothèque, le bétail, et que le 7 avril suivant on adjugerait la forêt de Vaudenay, devant le tribunal de Dole, sur la mise à prix de 112,000 francs. Il y avait loin de cette somme au million que le prospectus faisait miroiter devant les actionnaires trois ans auparavant. Depuis longtemps on attendait ce coup, et il avait fallu tout le savoir-faire de M. Dépillier pour le retarder. Quand l'huissier, parlant à sa personne, lui eut enlevé tout repos, il essaya de traiter son arrêt comme ceux de l'évêque et du pape, en le déclarant non avenu. Il s'efforça de sauver ce qu'il put du naufrage, dépareillant les ouvrages de la bibliothèque, tâchant de distraire ce qu'il pouvait, comme la renommée l'en accusait depuis quelque temps, coupant même de beaux arbres pour en vendre le bois ; mais l'œil redoutable de l'huissier était ouvert, la mauvaise foi du débiteur fut démontrée, et une cour moins indulgente que celle de Rome, la cour impériale de Besançon, confirmant le jugement rendu par le tribunal de Dole, le condamna par arrêt du 29 novembre 1865 à un an de prison et 25 francs d'amende.

Telle est l'histoire dans toute sa simplicité. Pour éviter les suites de ce jugement qui l'envoyait faire une retraite au vrai Clairvaux de saint Bernard, M. Dépillier passa la frontière, afin de purger sa contumace à l'étranger.

Il abuse singulièrement ses lecteurs quand il ose affirmer dans son journal qu'il a quitté l'Eglise romaine par conscience et au prix des plus grands sacrifices. Il se moque des Alsaciens quand il précise ses sacrifices dans cette phrase solennelle : « En quittant l'abbaye d'Acey et l'Eglise papale, j'ai » abandonné 223 hectares de terre, afin que jamais cette Eglise » ne puisse me reprocher d'être sorti de son sein par un inté- » rêt temporel. » A-t-il sacrifié autre chose que l'argent des souscripteurs qui avaient été trop confiants? Après dix années de lutte et de scandale, il est tombé dans l'abîme vulgaire de la banqueroute, et c'est après avoir tiré cent mille francs de la bourse des fidèles, pour les dépenser comme l'enfant prodigue, qu'il accuse l'Eglise catholique de lui avoir enseigné le vol et le mensonge!

Une fois sorti de l'Eglise par la porte de la police correctionnelle, M. Dépillier a tenu les promesses tant de fois répétées, et depuis dix ans il n'a cherché qu'à faire du scandale, sans réussir toutefois comme il l'avait espéré. Ce fameux écrit devant lequel le *Maudit* devait pâlir et s'éclipser, cette page d'histoire scandaleuse que l'Europe civilisée devait s'arracher, a paru depuis sept ou huit ans, et il a fallu des voyages multipliés pour en écouler deux éditions. Il faut battre la grosse caisse de l'annonce et aller de porte en porte mendier, comme autrefois, des souscripteurs, et encore n'en trouve-t-on guère que chez les protestants.

C'est sous prétexte de vendre ce livre que dans ces dernières années on trouve l'ancien quêteur un peu partout, exhalant sa bile contre l'Eglise, et mêlant des paroles grivoises aux injures les plus atroces. Les propos qu'il tient et les doctrines qu'il émet dans son pamphlet sur le *célibat ecclésiastique* donnent une idée suffisante de ce que peuvent être ses mœurs et de la manière dont il a tenu ses engagements de prêtre et de religieux. Dans le département de Tarn-et-Garonne, où les protestants lui prêtaient leur chaire, il s'est fait éconduire à cause de ses propos cyniques, et l'honorable corps des pasteurs s'est trouvé honteux de l'avoir reçu. Choisissant de préférence les pays qu'il croyait les plus ignorants ou les plus hostiles à l'Eglise, il a voulu évangéliser ces intelligentes populations de la Dordogne qui brûlaient vifs ceux qui étaient accusés de ne pas aimer l'empereur et qui saccageaient les églises dans la crainte de la dîme. Le tribunal de Bergerac l'a condamné à 25 fr. d'amende et six jours de prison pour colportage (16 janvier 1873). De là il court à Montauban, Albi, Lourdes, etc., écrivant dans les journaux républicains pour diffamer le clergé et les évêques. Il avait mal choisi son terrain ; Mgr de Montauban, Franc-Comtois comme lui et connaissant parfaitement sa vie, jugea que le temps de la mansuétude envers un pareil agresseur était passé. Il porta plainte au nom de son clergé, et dans le jugement rendu par le tribunal correctionnel, trois journaux furent condamnés. M. Dépillier, auteur de l'article incriminé, obtint pour sa part treize mois de prison, 25 fr. d'amende, et dut en outre payer 1,500 fr. de dommages-intérêts. Comme d'habitude, il ne paya rien, passa la frontière, laissa ses complices se tirer d'affaire, et se posa en martyr de la persécution cléricale.

Si les Alsaciens qui prêtent l'oreille aux discours et aux projets de M. Dépillier avaient besoin de s'édifier sur les causes qui l'ont séparé de l'Eglise, je les prierais de lire les considérants de ce jugement, en date du 6 novembre 1873, commençant ainsi : « Attendu que le nommé Dépillier a de » très fâcheux antécédents. » Remarquons-le bien, ce n'est ni le pape, ni un « tribun mitré, » ni un jésuite, c'est un tribunal français parfaitement renseigné qui a prononcé cette sentence.

Et voilà l'homme qui, chassé de France où la prison l'attend pour la troisième fois, prétend avoir les sympathies de l'Alsace et de la Suisse ! Voilà l'homme qui veut ramener l'âge d'or de la primitive Eglise et faire fleurir toutes les vertus sur les bords du Rhin, tandis que ses ouvrages sont interdits en France comme contraires aux bonnes mœurs et à la tranquillité publique ! La police française le considère comme un révolutionnaire de bas étage et le tient à distance. Aussi la déclare-t-il vendue aux jésuites, parce qu'elle met son journal l'*Ère chrétienne* sur la même ligne que la *Lanterne* de Rochefort ou le *Père Duchêne* de Vermesch. Ne connaît-elle donc pas assez l'auteur pour lui rendre justice ?

Au fond, que veut-il? De l'argent et pas autre chose. Ne pouvant plus rien tirer des catholiques, il veut exploiter les protestants. Si on lui donne assez, il extirpera l'ultramontanisme absolument comme il voulait extirper la forêt de Vaudenay il y a quinze ans. Au fond de ses déclamations en style de Luther, revient toujours le vulgaire : Prenez mon ours ! S'il pousse aujourd'hui « les vrais chrétiens » à acheter ses pamphlets contre la cour de Rome, les évêques, le célibat ecclésiastique, c'est avec la même conviction qu'il vendait autrefois le vin blanc de Jallerange et la *Vie de l'enfant Jésus*. Histoire de se procurer de l'argent. En trouvera-t-il encore cette fois?

Nous ne le croyons pas. Les 1,537 abonnés qu'il prétendait avoir en France ne sont plus qu'un mythe ; les temps sont durs, et le réformateur avoue humblement que l'*Ere chrétienne* ne fait pas ses frais ; après des flots d'encre versés, de savantes intrigues nouées, il se trouve dans l'impuissance d'acquérir une imprimerie ; c'est pour arriver à en avoir une qu'il provoque les souscriptions des « vrais chrétiens » d'Alsace. Une chose nous étonne, c'est qu'il ne leur offre pas une hypothèque sur son abbaye et sur sa forêt. Il n'y a sans doute pas songé. Dans tous les cas, ses malheurs l'ont rendu prudent; il calcule mieux qu'autrefois ; il dit crûment à ses lecteurs qu'avant de commencer une entreprise il faut compter. Espérons que les souscripteurs, comptant aussi bien que lui, le laisseront faire cette nouvelle campagne à ses risques et périls.

M. Dépillier, pour rendre sa personne plus intéressante aux « vrais chrétiens » d'Alsace, déclare que l'ultramontanisme s'est permis d'attenter à ses jours le 28 juillet 1870. S'il a fait cela, l'ultramontanisme est un maladroit; il aurait donné dix fois trop d'importance à un homme qui est déjà mort et qui s'est suicidé moralement depuis plus de quinze ans. C'est l'idée que l'on conserve de lui sur le théâtre de ses exploits, où le mépris public lui sert de linceul et où l'oubli le plus parfait forme une pierre sépulcrale bien lourde pour sa vanité.

J'en parlais ces jours derniers à un démocrate des environs d'Acey, qui comptait jadis parmi ses défenseurs. « Je le croyais
» à tout jamais mort et enterré, me dit-il; on ne songe plus à
» lui dans nos contrées. Je ne longe guère le bois de Vaudenay
» sans penser à la forêt de Bondy, et la vue des quêteurs me
» donne sur les nerfs ; voilà tout ce qui m'en est resté. Quand

» on a eu des accidents comme ceux de l'ancien bénédictin,
» le seul parti à prendre est de filer sur Minnesota ou la Pata-
» gonie. Si on reste dans les pays civilisés, il faut se faire petit
» et ne pas réveiller le chat qui dort. Que M. Dépillier vende
» vin en Belgique ou en Allemagne, qu'il vive du produit de
» son industrie, je n'y trouve point à redire ; mais un état
» bruyant ne lui convenait guère, et c'est celui de réformateur
» et d'apôtre qui lui va le moins. C'est par trop abuser de la
» situation de l'Alsace que d'aller l'exploiter encore, après
» avoir tondu les deux Bourgognes au profit de son ambition.
» Si l'Eglise primitive n'a que des représentants pareils, je la
» trouve bien à plaindre, et je préfère encore la nôtre telle
» qu'elle est. »

Cette appréciation nous semble être celle du bon sens et de la raison. En supposant que M. Dépillier soit animé d'un désir ardent de faire connaître la vérité, nous serons toujours en droit de dire qu'il ne faut pas pour cela calomnier l'Eglise romaine, injurier sans cesse le pape et les évêques, tout en se décernant les palmes du désintéressement, de l'apostolat et du martyre. Les saints n'ont jamais eu ce zèle amer, et la modestie fut toujours leur principale vertu. Elle siérait bien à M. Dépillier, et si la simple narration de ses actes pouvait lui en donner quelque peu, je ne croirais pas avoir perdu mon temps en les écrivant.

Dans le cas où les détails qui précèdent ne suffiraient point à édifier le public, il sera facile d'en fournir d'autres et de mettre dans son vrai jour la mission que s'arroge l'ardent quêteur ultramontain d'autrefois.

E. RUSTICUS.

BESANÇON, IMPRIMERIE DE J. JACQUIN.

www.ingramcontent.com/pod-product-compliance
Lightning Source LLC
Chambersburg PA
CBHW060629050426
42451CB00012B/2500